Christa Spilling-Nöker

Geh aus, mein Herz, und suche Freud

Vom Staunen und Hoffen

„Kein Dichter vor oder nach ihm hat mit solcher einfachen und tiefen Innigkeit das ausgedrückt, was die eigentliche Bedeutung und Aufgabe des protestantischen Kirchenliedes ist: die subjektive Wirkung der göttlichen Wahrheiten auf das menschliche Gemüt, die stille Einkehr in sich selbst, und er durfte wohl von sich sagen: ‚fröhlich ist, was in mir ist.'"

Joseph Freiherr von Eichendorff (1788–1857) über Paul Gerhardt

Christa Spilling-Nöker

Geh aus, mein Herz, und suche Freud …

Vom Staunen & Hoffen

benno

INHALT

EINSTIMMUNG

„Geh aus, mein Herz, und suche Freud“ – was ist das für ein wundervoller „Sommergesang“! Ich kann mich an einen Gottesdienst in einer alten Dorfkirche erinnern, in dem der Pastor alle 15 Strophen hintereinander singen ließ, während sich die Sonne in den bunten Kirchenfenstern brach und ihr Licht den Altar farbenfroh umspielte. In mir leuchtete das Gefühl von Wärme und Geborgenheit auf.

Der Heimweg führte durch einen Wald, in dem Bäume in grünem Laub standen und das Gezwitscher der Vögel die Luft durchsang. Unwillkürlich begann ich die Melodie des Liedes zu summen und fühlte mich von tiefer Freude ergriffen. Ich beschloss, solche Spaziergänge zu wiederholen, auch an Tagen, an denen ich mich traurig und mutlos fühlte, denn die Herrlichkeit der Schöpfung kann mir, immer wieder neu, ein lichtvolles Fenster zum Himmel öffnen.

So wünsche ich Ihnen bei einem stillen Gedankenspaziergang durch dieses Buch, dass Sie hier und da innehalten, durchatmen und den einzelnen Bildern nachträumen, um am Ende in den großen Lobpreis Gottes, wie ihn Paul Gerhardt in diesem Lied in poetischer Sprache zum Ausdruck gebracht hat, einzustimmen.

Christa Spilling-Nöker

GEH AUS, MEIN HERZ …

1. Geh aus, mein Herz, und su - che Freud, in
die-ser lie-ben Som-mer-zeit an dei-nes Got-tes
Ga-ben; schau an der schö-nen Gär-ten Zier und
sie-he, wie sie mir und dir sich aus-ge-schmü-cket
ha-ben, sich aus-ge-schmü-cket ha-ben.

DAS GROSSE BLÜHEN

Mir klopft das Herz, wenn ich in der warmen Jahreszeit in die Natur hinausgehe und das farbenprächtige Schauspiel bewundern darf, welches sich um mich herum aufführt. Einfach paradiesisch, geht es mir durch den Sinn, während ich die unendliche Artenvielfalt, die sich vor mir ausbreitet, still bestaune und ihren Duft in mich aufsauge. Dieses große Blühen in den zauberhaft gestalteten Gärten und kunstvoll angelegten Parkanlagen, aber auch auf wilden Wiesen mit Mohn- und Kornblumen, fasziniert mich in jedem Frühjahr und Sommer wieder neu. Wenn dann noch bunte Schmetterlinge meine Freude umtanzen, bin ich ganz gespannt auf all die Überraschungen, die das Leben in der kommenden Zeit sonst noch für mich bereithält, um mich ihnen mit beschwingter Erwartung zu öffnen.

DIE BÄUME STEHEN VOLLER LAUB,
das Erdreich decket seinen Staub
mit einem grünen Kleide;
Narzissus und die Tulipan,
die ziehen sich viel schöner an
als Salomonis Seide,
als Salomonis Seide.

HOFFNUNG WÄCHST ZWISCHEN DEN ZWEIGEN

Was ist das für eine himmlische Welt! Kein Mensch könnte sie so herrlich erschaffen. Ich freue mich, dass die kahlen, kalten Wintertage nun endlich vorüber sind und sich allmählich der Frühling entfaltet: Nachdem ich in Nachbars Garten die Schneeglöckchen und Krokusse bewundert hatte, recken nun Tulpen und Narzissen stolz ihre Köpfe empor. Ostern steht vor der Tür. Neues, gewandeltes Leben will bald erwachen. Rundum ist alles wieder grün geworden. Der Wald wartet auf mich. Ich lege mich ins warme Moos, genieße die Ruhe und verliere mich im Schauen. Grüne Zweige der Hoffnung breiten sich im Sonnenlicht über mir und um mich herum aus.

Meine Gedanken wandern zurück. Es gab eine Zeit, da war mir nicht zum Lachen zumute gewesen. Ein guter Freund riet mir damals, endlich mit dem Grübeln um eine Lösung meines Problems aufzuhören. „Du hast dich jetzt genug damit beschäftigt, du musst es nach und nach überwachsen lassen“, riet er mir. „Je mehr Schönes du erlebst, umso eher wird es verblassen. Eines Tages wirst du es in einem anderen Licht sehen.“ Er habe diesen Gedanken vor langer Zeit so oder so ähnlich einmal in einem Buch von dem Psychoanalytiker C. G. Jung gelesen, sagte er. Ihm selbst habe er in einer schweren Lebenskrise sehr geholfen. Ich hatte mir seine Worte zu Herzen genommen. Sie haben sich bewahrheitet. ‚Überwachsen lassen‘, geht es mir noch einmal durch den Sinn, als ich wieder zu den grünen Zweigen über mir emporblicke und ihnen für die Zuversicht, die sie mir auch heute schenken, lächelnd danke.

DIE LERCHE SCHWINGT SICH IN DIE LUFT,
das Täublein fliegt aus seiner Kluft
und macht sich in die Wälder;
die hochbegabte Nachtigall
ergötzt und füllt mit ihrem Schall
Berg, Hügel, Tal und Felder,
Berg, Hügel, Tal und Felder.

TRÄUME DER NACHT

Wenn die Vögel anfangen zu singen, lege ich alle Arbeit aus der Hand. In innerer Stille lausche ich ihrem herrlichen Konzert; hin und wieder versuche ich, die einzelnen Vogelstimmen voneinander zu unterscheiden. Die Amseln haben es mir dabei immer besonders angetan: Ihre einzigartigen Gesänge rühren mich manchmal zu Tränen. Ganz verhalten stimme ich bisweilen in ihre Melodien ein. Solche Augenblicke werden mir, mitten im Alltag, zum Fest, in ihnen geht mir das Herz auf.

Sobald sich dann das Dunkel der Nacht wie eine wärmende Decke über mich senkt, weckt der wohltönende Gesang der Nachtigall meine Sehnsucht. Ich verliere mich in Träumen, schicke sie zum Himmel empor und hoffe inbrünstig, dass sich der innigste von ihnen schon bald erfüllt.

DIE GLUCKE FÜHRT IHR VÖLKLEIN AUS,
der Storch baut und bewohnt sein Haus,
das Schwälblein speist die Jungen,
der schnelle Hirsch, das leichte Reh
ist froh und kommt aus seiner Höh
ins tiefe Gras gesprungen,
ins tiefe Gras gesprungen.

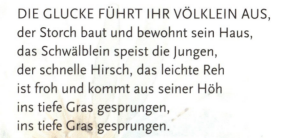

WAS GENÄHRT WERDEN WILL

Nicht nur wir Menschen, sondern auch die Tiere in Feld und Wald genießen die Wärme und die leichte, lustvolle Zeit des Sommers. Da ist wohl nicht nur Rehen und Hirschen, sondern auch uns schon einmal zum Springen und vielleicht sogar zum Tanzen zumute. Die ganze Natur sprüht nur so von frischer Lebendigkeit. Nester werden gebaut, Junge erblicken die Welt, damit sich die Schöpfung in die Zukunft hinein fortpflanzt. Was macht es für eine Freude, der Fütte-

rung von Jungvögeln in ihrem Nest zuzusehen und zu beobachten, wenn sie flügge werden. Ob da wohl auch noch etwas in mir selbst schlummert, geht es mir durch den Sinn, das genährt werden will und heranwachsen möchte, um nach und nach zu reifen, damit ich mich mit all den in mir angelegten Möglichkeiten zu dem Menschen entfalten kann, den Gott mit mir gemeint hat?

DIE BÄCHLEIN RAUSCHEN IN DEM SAND
und malen sich an ihrem Rand
mit schattenreichen Myrten;
die Wiesen liegen hart dabei
und klingen ganz vom Lustgeschrei
der Schaf und ihrer Hirten,
der Schaf und ihrer Hirten.

SONNIGE STUNDEN ...

Stellen wir uns einmal eine herrliche Sommerlandschaft vor, gemächlich vor sich hin grasende, blökende Schafe, dazu eine bunte Wiese, gern auch mit einigen schattigen Plätzchen; in der Nähe das Plätschern eines kleinen Baches. Romantik pur. Wir atmen den würzigen Wiesenduft ein, kosten die Wärme der Sonne auf unserer Haut aus und betrachten die Wolken, wie sie gemächlich über den blauen Himmel ziehen. Das sind Momente,
um ganz still zu werden, vielleicht
die Augen zu schließen, den Atem
gleichmäßig fließen zu lassen

und in uns selbst hineinzuhorchen: Was ist gewesen in all den Jahren, welche schmerzhaften Ereignisse, aber auch was für beglückende Zeiten haben wir erlebt? Vielleicht gelingt es uns, innerlich wieder an die heiteren und sonnigen Stunden vergangener Tage anzuknüpfen,
und uns erneut von der Schönheit des Lebens berühren zu lassen.

DIE UNVERDROSSNE BIENENSCHAR
fliegt hin und her, sucht hier und da
ihr edle Honigspeise;
des süßen Weinstocks starker Saft
bringt täglich neue Stärk und Kraft
in seinem schwachen Reise,
in seinem schwachen Reise.

VERFÜHRUNG ZUM „SÜSSEN LEBEN“

Honig und Wein, welche Geschenke hält die Natur für uns bereit! Wir genießen Honig heutzutage oft als Heilmittel bei Erkältungen und gegen Entzündungen, aber auch für Desserts, zum Backen von Honigkuchen und vor allem als Brotaufstrich. Aufgrund seiner Süße und belebenden Wirkung wurde der Honig schon in alten Zeiten geschätzt. So ist es sicher kein Zufall, dass die Flitterwochen von jung vermählten Paaren als „honeymoon“ bezeichnet werden, als eine in ihrer jungen Liebe ganz besonders innige, freudige Zeit. Im Hohelied der Liebe heißt es sogar, dass von den Lippen der Braut Honig tropft (Hld 4,11). Wir erinnern uns daran, dass das gelobte Land in der hebräischen Bibel beschrieben wird als das Land, wo Milch und Honig fließen, wo die Sehnsucht nach freiem und in jeder Hinsicht gesättigtem Leben gestillt wird. Von daher wundert es nicht, dass Honig nach dem Kirchenvater Augustin ein Sinnbild für die Zärtlichkeit und Güte Gottes ist.

Auch Wein ist eine wundervolle Gabe, die „das Herz des Menschen erfreut“ (Ps 104,15).

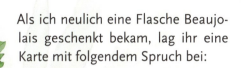

Als ich neulich eine Flasche Beaujolais geschenkt bekam, lag ihr eine Karte mit folgendem Spruch bei:

„Der liebe Gott hat nicht gewollt,
dass edler Wein verderben sollt,
drum hat er uns nicht nur die Reben,
sondern auch den Durst gegeben.“

Vielleicht haben wir ja heute Abend Appetit auf ein knuspriges Brötchen mit Butter und Honig und ein Glas guten Weins. Folgen wir dann fröhlich den Worten von Kohelet: „Iss freudig dein Brot, und trink vergnügt deinen Wein.“ (Koh 9,7a). Lassen wir uns also beides einfach gut schmecken!

DER WEIZEN WÄCHSET MIT GEWALT;
darüber jauchzet Jung und Alt
und rühmt die große Güte
des, der so überfließend labt
und mit so manchem Gut begabt
das menschliche Gemüte,
das menschliche Gemüte.

UND ALLE WERDEN SATT ...

Jeden Tag Brot haben, jeden Tag satt werden dürfen, das ist Gnade und ein Grund zur Dankbarkeit. Wie herrlich ist es, ein frisch gebackenes knuspriges Brot aufzuschneiden und sich die duftende, liebevoll zubereitete Mahlzeit gleichsam auf der Zunge zergehen zu lassen: in der Familie oder mit lieben Freundinnen und Freunden am geselligen Tisch. Wir plaudern miteinander, prosten uns mit einem guten Glas Wein zu und sind fröhlich und guter Dinge.

Vielleicht treibt uns dieses Wohlgefühl auch dazu, das, was wir im Überfluss haben, mit denen zu teilen, die in anderen Regionen der Erde hungern. Und davon gibt es weltweit leider viel zu viele. Erinnern wir uns doch an die biblische Wundergeschichte von der Speisung der Fünftausend (Mk 6,32-44). Es käme auch heute einem Wunder gleich, wenn am Ende alle satt würden. Und dieses Wunder können wir sogar selbst vollbringen.

ICH SELBER KANN UND MAG NICHT RUHN,
des großen Gottes großes Tun
erweckt mir alle Sinnen;
ich singe mit, wenn alles singt,
und lasse, was dem Höchsten klingt,
aus meinem Herzen rinnen,
aus meinem Herzen rinnen.

MIT ALLEN SINNEN GENIESSEN

Immer wieder mit allen Sinnen etwas von dem zu genießen, was der Schöpfung unablässig neu erwächst, das nenne ich Lebenskunst. Ich darf das unscheinbare Gänseblümchen sowie die knorrige Eiche mit meinen Augen bestaunen und das Wiehern der Pferde wie das Zirpen der Grille belauschen. Vorsichtig betaste ich mit meinen Händen den dornigen Rosenstrauch und befühle die samtartige Haut eines Pfirsichs, dessen Wohlgeruch ich einatmen und dessen saftiges Fruchtfleisch ich mir, wie so vieles andere, das mir von Bäumen und Sträuchern her, je nach Jahreszeit, entgegenduftet, schmecken lassen darf. In Frühling und Sommer zergehen mir die saftigen Beerenfrüchte und die leuchtend roten Kirschen auf der Zunge und im Herbst beiße ich genussvoll in Äpfel und Birnen. Damit ich auch im Winter noch einen Vorrat davon habe, koche ich einige von ihnen nach den alten Rezepten meiner Großmutter mit Nelken, Zimt oder Vanille zu Marmelade oder Kompott ein. Schmunzelnd erinnere ich mich dann daran, wie sie mir seinerzeit, sofern meine

Mutter gerade nicht in der Nähe war, eine beträchtliche Portion von den süßen Herrlichkeiten zum Ausschlecken im Topf gelassen hatte.
Brechen wir doch einmal zu einem Sinnenspaziergang auf und sehen, hören, fühlen, riechen und schmecken wir uns durch einen Waldweg, eine Wiese oder einen Garten hindurch. Wer weiß, welche lustvollen Erinnerungen dabei in uns aufsteigen! Vielleicht wächst uns ja hier und da am Wegesrand auch etwas zum Naschen entgegen. Ich bin sicher, wir werden in vielerlei Hinsicht eine Offenbarung erleben.

ACH, DENK ICH, BIST DU HIER SO SCHÖN
und lässt du's uns so lieblich gehn
auf dieser armen Erden:
was will doch wohl nach dieser Welt
dort in dem reichen Himmelszelt
und güldnen Schlosse werden,
und güldnen Schlosse werden!

DIE GROSSE SEHNSUCHT

So schön, wie unser Leben auch gerade sein mag, schlummert doch in jedem von uns eine tiefe Sehnsucht nach etwas, das über den gegenwärtigen Zustand hinausweist. Sehnsucht ist, wie es Phil Bosmans einmal formuliert hat, „eine geheimnisvolle Quelle der Kraft", die uns, auch in erdrückenden Zeiten, immer wieder Flügel verleiht. Sehnsucht kennt keine Grenzen. Wir sehnen uns nach dem vollkommenen, nie endenden Glück, nach der ganz großen Liebe, in der wir dauerhaft „ein Herz und eine Seele" sind und uns wie im „siebten Himmel" fühlen, nach fernen Meeren, die hinter dem Horizont zu versinken scheinen und uns endlos anmuten. Letztendlich sehnen wir uns danach, dass unser irdisches, begrenztes Leben mit dem Tod nicht zu Ende ist und träumen in der Vergänglichkeit in leuchtenden Bildern die Ewigkeit.

WELCH HOHE LUST, WELCH HELLER SCHEIN
wird wohl in Christi Garten sein!
Wie muss es da wohl klingen,
da so viel tausend Seraphim
mit unverdrossnem Mund und Stimm
ihr Halleluja singen,
ihr Halleluja singen.

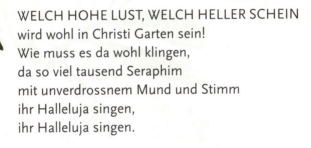

DEN GESANG DER ENGEL ERLAUSCHEN

Wenn ich an einen Garten denke, dann sehe ich blühende Blumen, fruchtbringende Bäume, sich im Wind wiegende Gräser und Halme vor mir. Die Bilder von Christi Garten überhöhen solch irdische Vorstellungen, denn dort singen nicht die Vögel, sondern da brechen alle Engelscharen in einen unvorstellbaren Jubelchor aus. Was für ein glückseliges, klangvolles Bild!

Dann und wann können wir sogar schon in diesem Leben den Gesang der Engel in uns selbst erlauschen und darin Ewigkeit erahnen: In Zeiten tiefer innerer Stille, in denen wir uns aus dem ständigen Kreisen um ‚gestern' und ‚morgen' befreien und im gegenwärtigen Augenblick, von einem Atemzug zum anderen, ‚ganz da sind', völlig präsent, durch und durch einverstanden mit uns selbst und so eins mit dem göttlichen Sein.

O WÄR ICH DA! O STÜND ICH SCHON,
ach süßer Gott, vor deinem Thron
und trüge meine Palmen:
so wollt ich nach der Engel Weis
erhöhen deines Namens Preis
mit tausend schönen Psalmen,
mit tausend schönen Psalmen.

SAG MIR,
WO DER HIMMEL IST …

„Halt an, wo läufst du hin? Der Himmel ist in dir. Suchst du ihn anderswo, du fehlst ihn für und für“, so der Lyriker, Arzt und Theologe Angelus Silesius (1624–1677). Die göttliche Kraft wohnt in uns, sie führt uns zu unserem eigenen Wesen hin und macht uns so aus der Tiefe, von unserer eigenen Mitte her, lebendig. Aus ihr erwächst die Liebe, die uns für andere zum Engel werden lässt.

Jeder von uns hat sicher schon einmal den Satz gehört: „Du bist ein Engel.“ Vielleicht, weil wir für jemanden, der krank war, eingekauft oder ihm hin und wieder bei der Gartenarbeit geholfen haben. Doch das sind meines Erachtens schlichtweg Gefälligkeiten. Wenn ich einem anderen Menschen zum Engel werde, dann ist das weder planbar noch machbar. Es ist ein heilvolles Geschehen, das sich zwischen Menschen ereignen kann, wenn sie einander wirklich begegnen. Ich will dazu zwei Beispiele erzählen.

Vor vielen Jahren habe ich einen guten Bekannten besucht, der an Krebs erkrankt war. Schon seit Wochen konnte er das

Bett nicht mehr verlassen. Am nächsten Tag rief mich seine Frau an: „Als Sie gegangen sind, ist mein Mann aufgestanden und ein paar Schritte in der Wohnung umhergegangen. Kommen Sie doch recht bald wieder!“ Leider ist der Bekannte dann doch an seiner Krankheit gestorben, aber er hatte kurzfristig noch einmal etwas an Lebensqualität zurückgewonnen.

Vergleichbares habe ich auch schon am eigenen Leibe erfahren. Ich hatte einem lieben Freund, wie zuvor auch schon anderen mir vertrauten Menschen, von einer tiefen seelischen Verletzung erzählt. Doch plötzlich kamen meine Worte ganz anders über meine Lippen als sonst. Ich schilderte die Situation zu meiner eigenen Überraschung aus einem ganz neuen Blickwinkel, konnte das schmerzhaft Erlebte mit einem Mal nicht mehr als Fluch, sondern als Segen verstehen.

Eine tiefe Wunde war auf mir unerklärliche Weise verheilt. Und wenn mich Menschen bisweilen fragen, ob ich an Engel glaube, dann kann ich nur ganz versonnen nicken.

DOCH GLEICHWOHL WILL ICH,
WEIL ICH NOCH
hier trage dieses Leibes Joch,
auch nicht gar stille schweigen;
mein Herze soll sich fort und fort
an diesem und an allem Ort
zu deinem Lobe neigen,
zu deinem Lobe neigen.

VOM LEIDEN ZUM LOBEN

Manchmal fällt es mir schwer, das Leben zu ertragen. Enttäuschungen, Kränkungen und Verletzungen schmerzen und hinterlassen Wunden; Beziehungen zu dem einen oder anderen Menschen tun weh und belasten. Angst- und Schuldgefühle machen sich immer wieder einmal in mir breit und rauben mir meine Kraft. An solchen Tagen bereitet es mir schon Mühe, den Alltag zu bestehen. Dann sehne ich mich nach einem guten Wort, das mich aufrichtet und in meiner Seele wieder etwas zum Leuchten und zum Klingen bringt; dann hoffe ich auf das Geschenk von vertrauensvoller Nähe, auf das liebevolle Herz und das offene Ohr eines Menschen, dem ich mich mit meinem Kummer vorbehaltlos anvertrauen darf, damit ich aufatmen, das Leben wieder auskosten und dem Himmel ein frohes Lied anstimmen kann.

HILF MIR UND SEGNE MEINEN GEIST
mit Segen, der vom Himmel fleußt,
dass ich dir stetig blühe;
gib, dass der Sommer deiner Gnad
in meiner Seele früh und spat
viel Glaubensfrüchte ziehe,
viel Glaubensfrüchte ziehe.

ICH WILL DICH SEGNEN UND DU SOLLST EIN SEGEN SEIN

Nach einem gesegneten Leben sehnen wir uns wohl alle: nach einem Leben, in dem wir uns so, wie wir sind, bedingungslos geliebt, angenommen und auf dieser Welt willkommen fühlen. Wir wünschen uns, dass immer ein Mensch für uns da ist, der unsere Freude, aber auch unseren Kummer mit uns trägt und teilt. Wir hoffen, dass wir jeden Tag genug zu essen, zu trinken und ein Dach über dem Kopf haben, dass wir vor Unglück bewahrt bleiben und uns stets als behütet und geborgen erfahren. Wir vertrauen, gerade auch in Krisenzeiten, darauf, dass uns das Leben letztendlich gelingt.

Wenn wir uns als Gesegnete erfahren, drängt es uns dazu, diese heilschaffende Kraft nach außen weiter zu verströmen: Wir wollen dem Bedürftigen vor Ort materielle Hilfe zukommen lassen und dem Flüchtling aus dem Asylantenheim in unserem Stadtviertel persönlich begegnen und die deutsche Sprache mit ihm üben, damit er sich eines Tages heimisch fühlen kann. Wir möchten den einsamen Nachbarn zu uns einladen und gelegentlich die Kinder der alleinstehenden Mutter von nebenan hüten. Wir freuen uns darauf, Menschen im Altersheim hin und wieder vorzulesen. Wir möchten ihrer aller Leben erhellen und ihnen dadurch zum Segen werden.

MACH IN MIR DEINEM GEISTE RAUM,
dass ich dir werd ein guter Baum,
und lass mich Wurzel treiben.
Verleihe, dass zu deinem Ruhm
ich deines Gartens schöne Blum
und Pflanze möge bleiben,
und Pflanze möge bleiben.

WACHSEN DÜRFEN

An hellen Tagen grünt mir die Hoffnung, da trage ich den Kopf hoch und fühle mich wie ein aufrechter Baum, dessen Krone sich stolz dem Himmel entgegenstreckt und dem kein Sturm etwas anhaben kann.

Manchmal aber fühle ich mich wie abgestorben. Depressive Gedanken überschwemmen mich und ich versinke in der Frage nach dem Sinn meines Seins. Solche Phasen können mitunter lange andauern und es kostet mich jedes Mal viel Kraft und Geduld, sie auszuhalten. Dann wünsche ich mir, dass mein Lebensbaum frische Wurzeln treibt, dass mir neue Energien zuströmen, damit ich mich innerlich aufrichten und den Herausforderungen des Lebens erneut unerschrocken und mutig stellen kann.

ERWÄHLE MICH ZUM PARADEIS
und lass mich bis zur letzten Reis
an Leib und Seele grünen,
so will ich dir und deiner Ehr
allein und sonsten keinem mehr
hier und dort ewig dienen,
hier und dort ewig dienen.

FRIEDE SEI MIT DIR UND MIT MIR

Bis zum Ende meiner Tage möchte ich mein Leben, so gut es mir bei all meinen Schwächen und meinem Versagen gelingen mag, im Geist Jesu glaubwürdig und wahrhaftig gestalten. Ich will für andere Menschen da sein, wenn sie Hilfe brauchen und auch denen achtsam begegnen, die meiner Denkweise und Lebenshaltung widersprechen, auch wenn mir das nicht immer leichtfällt. Mein Engagement für ein friedliches Zusammenleben setzt sich mit dem ersten Schritt zur Versöhnung fort. Ich erinnere mich noch gut an das erstaunte Gesicht einer Bekannten, als ich an ihrer Tür klingelte und ganz unvermittelt meinte: „Hallo, eigentlich könnten wir uns doch wieder miteinander vertragen." Sie bat mich ins Haus und lud mich zu einer Tasse Kaffee ein. In Ruhe besprachen wir den Konflikt; mit einem herzlichen

Händedruck verabschiedeten wir uns voneinander. Grenzenlos erleichtert schlug ich den Weg nach Hause ein. Mich mit anderen Menschen zu versöhnen, aber auch mit mir selbst und meinen bitteren Erfahrungen, wie wichtig ist das, ging es mir unterwegs durch den Sinn.
Ich denke da auch an einen väterlichen Freund, der jahrelang im Zweiten Weltkrieg kämpfen musste, dessen erste Frau sich das Leben genommen hatte und der auch anderen schweren Schicksalsschlägen ausgesetzt gewesen war. In seinen letzten Jahren hatte ihn eine schlimme Krankheit heimgesucht. Dennoch meinte er kurz vor seinem Tod, dass er mit seinem Leben zufrieden sei. Diese Aussage hat mich tief berührt. Ich hoffe, dass auch ich, wenn meine letzte Stunde schlägt, letztendlich zufrieden und dankbar auf mein Leben zurückblicken und es mit befreitem Herzen loslassen kann, sodass es sich in dem Gefühl tiefer Geborgenheit segensreich vollendet.

EIN LOBLIED AUF DIE SCHÖPFUNG

Das Lied „Geh aus, mein Herz" von Paul Gerhardt (1607–1676) war das erste Mal im Jahr 1653 in einem Berliner Gesangbuch veröffentlicht worden, also zu einer Zeit, als der Dreißigjährige Krieg gerade fünf Jahre vorbei war. Städte lagen in Trümmern, Ländereien waren verwüstet, Seuchen wüteten und Hungersnöte breiteten sich unter der verarmten Bevölkerung aus. Diesen Zerstörungen setzte Paul Gerhardt ein Loblied auf die wundervolle Schöpfung entgegen, in der er Gottes Liebe spürt. Wenn er von der „lieben Sommerzeit" spricht, ist nach der Denkweise des 17. Jahrhunderts der Frühling mit eingeschlossen.

Die Strophen 1 bis 7 schildern vordergründig die Schönheit der Schöpfung, doch sie sind zugleich reich an religiöser Metaphorik, wie sie sich während des Mittelalters herausgebildet hatte und von der barocken Dichtkunst aufgenommen worden war. „Der Garten" erinnert an das Paradies, an den „Garten Eden" (Gen 24b-25). Bei den Lilien, die sich schöner anziehen als Salomonis Seide (Str. 2), denken wir an Gottes Fürsorge für den Menschen: „Und was sorgt ihr euch um eure Kleidung? Lernt von den Lilien, die auf dem Feld wachsen: Sie arbeiten nicht und spinnen nicht. Doch ich sage euch: Selbst Salomo war in all seiner Pracht nicht gekleidet wie eine von ihnen" (Mt 6,28f).

Zu der Taube (Str. 3) assoziieren wir die Taube mit dem Ölblatt im Schnabel, die Noah zum Zeichen der Versöhnung zwischen Gott und der Menschheit wurde. Wir verbinden sie als Sinnbild des Heiligen Geistes mit der Taufe Jesu (Mk 1,9.10). Die Glucke (Str. 4) erinnert uns an das Jesuswort: „Wie oft wollte ich deine Kinder um mich sammeln, so wie eine Henne ihre Küken unter ihre Flügel nimmt“ (Mt 23,37b). Hirten und Schafe (Str. 5) lassen uns an den guten Hirten von Psalm 23 denken. In Sirach 11,3 wird auf die Nützlichkeit der Biene (Str. 6) Bezug genommen: Obwohl sie so klein ist, bringt sie den besten Ertrag, den Honig. Das Bild des Weinstocks erinnert uns an die enge Verbindung zwischen Jesus und den Menschen: „Ich bin der Weinstock, ihr seid die Reben. Wer in mir bleibt und in wem ich bleibe, der bringt reiche Frucht“ (Joh 15,5). Der Weizen (Str. 7) verweist auf das tägliche Brot, um das wir im Vaterunser bitten, sowie auf das Wort Jesu: „Ich bin das lebendige Brot, das vom Himmel herabgekommen ist. Wer von diesem Brot isst, wird in Ewigkeit leben“ (Joh 6,51a). Zusammen deuten Weinstock und Weizen auf die Eucharistie hin.

Das Bild des Sommers hat eine umfassendere Bedeutung: „Lernt etwas aus dem Vergleich mit dem Feigenbaum! Sobald seine Zweige saftig werden und Blätter treiben, so wisst ihr, dass der Sommer nah ist. Genauso sollt ihr erkennen, wenn ihr das alles seht, dass das Ende vor der Tür steht“ (Mt 24,32 f).

In der ersten Strophe war von „mir“ und „dir“ die Rede; hier hat Paul Gerhardt mit „mein Herz“ entweder eine andere Person angesprochen, was zu jener Zeit eine durchaus übliche Anrede an

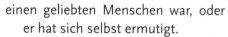

einen geliebten Menschen war, oder er hat sich selbst ermutigt.

Von Strophe 8 an redet er nun direkt von sich: „Ich selber kann und mag nicht ruhn“. Diese Strophe ist gewissermaßen ein Bindeglied zwischen dem ersten und dem zweiten Teil des Liedes. Ging es in den ersten sieben Strophen um die Freude an der göttlichen Natur, so kommt hier die Sinnerfahrung im gemeinschaftlichen Lobgesang für den Schöpfer zum Ausdruck.

Die Strophen 9 bis 11 malen dann in frommer Poesie die Hoffnung auf das „reiche Himmelszelt“ (Str. 9) aus: Die Bilder vom „güldenen Schloss“, von „Christi Garten“ und dem „Thron Gottes“ hat Gerhardt dem weltlichen Fürsten- und Königsmilieu mit seinen Schlössern und prachtvollen Gärten entnommen und auf seine Vorstellungen vom Reich Gottes übertragen.

In Strophe 12 kehrt er inhaltlich noch einmal in die diesseitige Welt zurück: „Trotz des Leibes Joch“, trotz all des Leids, welches der Krieg angerichtet hatte und das es auszuhalten galt, gehört Gott grenzenloser Lobpreis.

In den letzten drei Strophen (Str. 13–15) führt das Lied von diesem Lob Gottes zur Bitte um seinen Segen, um nach seinem Willen leben zu können und eines Tages bei der „letzten Reis'" zur Vollendung zu gelangen.
Die gefühlsbetonten lyrischen Metaphern vom Jenseits, so wie Paul Gerhardt sie aus seiner Zeit heraus entworfen hat, sind von vielen Menschen heutzutage nicht mehr nachvollziehbar. Die Reich-Gottes-Vorstellungen haben sich im Laufe der letzten 365 Jahre immer wieder verändert. Infolgedessen wurden in späteren Veröffentlichungen von „Geh aus, mein Herz" oft nur noch Strophen aus der ersten Liedhälfte abgedruckt. Anfang des 19. Jahrhunderts erschien das Lied – auf neun Strophen verkürzt – in der Sammlung „Des Knaben Wunderhorn" und begann, sich damit vom geistlichen Kontext zu lösen. So wurde es um 1833 in dem Liederbuch „Wandervögelein oder Sammlung von Reiseliedern" publiziert. Als Naturlied fand es im 20. Jahrhundert Eingang in die Jugendbewegung. Als die Umweltproblematik im 20. Jahrhundert zunehmend ins Bewusstsein rückte, wurde das Lied parodiert. Einer dieser provokanten Texte wurde in einer Arbeitshilfe der Evangelischen Kirche zum Thema ‚Umgang mit der Schöpfung' aufgenommen:

Geh aus, mein Herz, und suche Freud,
denn du hast nicht mehr lange Zeit,
dich an Natur zu laben.
Schau an der schönen Gärten Zier,
solange Blume, Baum und Tier
noch Raum zum Leben haben.

Die Bäume stehen voller Laub,
doch die Chemie senkt ihren Staub
herab auf Wald und Weide.
Narzissus und die Tulipan,
die weichen heut der Autobahn.
Im Abgas wächst Getreide.

Die Glucke führt ihr Völklein aus,
sofern sie nicht bestimmt zum Schmaus
nach dumpfer Mast verendet.
Der schnelle Hirsch, das leichte Reh,
sie sterben in des Menschen Näh,
vom Nachtverkehr geblendet.

Die Bächlein rauschen in dem Sand
mit reduziertem Fischbestand
infolge Abfallstauung.
Die Wiesen liegen hart dabei,
noch weiden hier die Kühe frei.
Bald kommt die Überbauung.

Die unverdrossne Bienenschar
findet bei uns von Jahr zu Jahr
mehr giftgesprühte Blüten.
Des süßen Weinstocks starker Saft,
er fordert Leben, kostet Kraft,
weil viele sich nicht hüten.

Ich selber kann und mag nicht ruh'n,
denn jeder muss das Seine tun,
so groß sind die Gefahren.
Ich singe mit, wenn alles singt,
voll Hoffnung, dass es uns gelingt,
die Schöpfung zu bewahren.
(Quelle: unbekannt)

Der Text von Paul Gerhardt wurde im Laufe der Jahrhunderte immer wieder einmal neu vertont. Die uns heute vertraute Weise hat ihren Ursprung im frühen 19. Jahrhundert, konnte sich aber erst im 20. Jahrhundert durchsetzen.

DAS LEBEN DES PAUL GERHARDT

Jugend und Ausbildung

Paul Gerhardt wurde am 12. März 1607 als zweites von vier Kindern in Gräfenhainichen geboren. Als er zwölf Jahre alt war, starb sein Vater, zwei Jahre später seine Mutter. Da in den sächsischen Bildungsanstalten kein Schulgeld erhoben wurde, konnte er von 1622 bis 1627 die Fürstenschule St. Augustin in Grimma besuchen. Nach erfolgreichem Abschluss zog er in das streng lutherische Wittenberg, wo er Theologie und Philosophie studierte. Dadurch festigten sich sowohl seine durch das Elternhaus geprägte Frömmigkeit als auch seine schon seit jungen Jahren tiefe Neigung zur Dichtkunst. Seit 1634 hatte er eine Anstellung als Hauslehrer, sie schloss freie Kost und Logis ein. Während dieser Jahre erlebte er Zerstörung, Hungersnöte, Überfälle von Soldaten und die Pest, an der sein älterer Bruder Christian starb.

Erste Berliner Zeit

Von 1643 bis 1651 lebte Paul Gerhardt in Berlin. Da er in den Kriegswirren keine Pfarrstelle bekommen konnte, trat er auch hier wieder eine Stelle als Hauslehrer an, und zwar bei dem Kammergerichtsadvokaten Andreas Berthold, seinem späteren Schwiegervater. In dieser Zeit lernte er Johann Crüger (1598–1662), den damaligen Kantor der Nikolaikirche kennen, dem er, über die gemeinsame Arbeit hinaus, auch

freundschaftlich verbunden war. Crüger hatte 1640 sein erstes Gesangbuch unter dem Titel „Neues vollkömmliches Gesangbuch Augsburger Konfession" herausgegeben. In der 2. Auflage enthielt es bereits 18, in der 5. Auflage, die 1653 unter dem Namen „Praxis Pietatis Melica" erschien, 82 Lieder aus Gerhardts Feder. Viele davon waren von Crüger vertont worden. Dieses Gesangbuch war, über Crügers Tod 1662 hinaus, in immer wieder veränderter und erweiterter Form gedruckt worden; bis 1736 ist es in 45 Berliner Ausgaben erschienen.
Crügers Nachfolger an der Nikolaikirche, der Kantor Johann Georg Ebeling, hatte zahlreiche Lieder Gerhardts neu vertont, mit Choralsätzen und Instrumentalstimmen versehen und 120 von ihnen 1667 in einem gesonderten Band aufgelegt. Crügers und Ebelings Veröffentlichungen der Paul-Gerhardt-Lieder haben ganz wesentlich zu deren Verbreitung beigetragen.

Mittenwalde

Im Jahr 1651 trat Gerhardt seine erste Pfarrstelle in Mittenwalde an, die zugleich das Probstamt enthielt. Außer etlichen Passionsliedern, darunter „O Haupt voll Blut und Wunden", welches inzwischen zum Weltkulturerbe der UNESCO gerechnet wird, entstand in dieser Zeit auch das Lied: „Geh aus, mein Herz."
Am 11. Februar 1655 heiratete er die 15 Jahre jüngere Anna Maria Berthold. Der Familie Gerhard wurden fünf Kinder geschenkt. Vier von ihnen starben bereits im Kleinkindalter; nur ein Sohn überlebte die Eltern.

Zweite Berliner Zeit

Im Jahr 1657 wurde Paul Gerhardt als Pfarrer an die Berliner Nikolaikirche berufen und kehrte mit seiner Frau nach Berlin zurück. Während dieser Zeit sind seine Lieder auch überregional bekannt geworden.

Unterdessen schwelte ein konfessioneller Konflikt. 1613 war der brandenburgische Kurfürst Johann Sigismund vom lutherischen zum calvinistischen Bekenntnis übergetreten. Diese Religion war von nun bei Hofe und für die Beamten verpflichtend; die allgemeine Bevölkerung durfte aber bei ihrem jeweiligen Glauben bleiben. Doch der Widerstreit hielt an. Schließlich verbot der Kurfürst seinen Untertanen, die lutherische Universität in Wittenberg zu besuchen. Bei Stellenbesetzungen wurden die Reformierten bevorzugt, sodass dauerhafte Spannungen vorprogrammiert waren. Die Lutheraner unter den Berliner Theologen begehrten auf; Gespräche scheiterten. 1664 erließ der Kurfürst ein Toleranzedikt, nach dem Calvinisten wie Lutheraner gleicherweise geduldet werden sollten. Doch viele Lutheraner konnten das calvinistische Bekenntnis, das sie als ketzerisch erachteten, nicht akzeptieren und verweigerten dem Kurfürsten die dafür erforderliche Unterschrift.

So auch Paul Gerhardt, der infolgedessen am 31. Januar 1666 aus dem kirchlichen Dienst entlassen wurde. Eine Wiedereinsetzung ins Amt, für die sich viele seiner Berliner Freunde eingesetzt hatten, lehnte er aus Gewissensgründen ab. Daraufhin entband ihn der Kurfürst endgültig von seinen Aufgaben. Er konnte allerdings bis zum Amtsantritt seines Nachfolgers in der Dienstwohnung bleiben und erhielt für diesen Zeitraum auch noch seine Bezüge; zudem wurde er

von Freunden finanziell unterstützt, sodass die Familie keinen Mangel leiden musste.
1667 traf ihn ein schwerer Schicksalsschlag: Seine Frau Anna-Maria starb im Alter von 46 Jahren. Sie war ihm in den 13 Jahren ihrer Ehe, auch im Glauben, stets eine treue Gefährtin gewesen.

Lübben

Aufgrund der Fürsprache seitens einflussreicher Bekannter wechselte Paul Gerhardt 1669 an die Nikolaikirche in Lübben. Die Nieder- und Oberlausitz gehörten zu diesem Zeitpunkt zu Kursachsen, auf das der brandenburgische Kurfürst keinen Einfluss hatte.
In seinen letzten Lebensjahren klagte Paul Gerhardt gelegentlich über das Nachlassen seiner körperlichen Kräfte. Er starb am 27. Mai 1676 in Lübben und wurde im Chorraum der Kirche beigesetzt. Seit 1931 trägt sie den Namen „Paul-Gerhardt-Kirche".
Seine Lieder aber haben ihn überlebt; sie wurden in zahlreiche Sprachen übersetzt, sind inzwischen weltweit – ökumenisch – verbreitet und erfreuen uns noch heute.

Quellen

Die Bibel, Altes und Neues Testament, Einheitsübersetzung, Katholische Bibelanstalt GmbH, Stuttgart 1980

Phil Bosmans, Vitamine fürs Herz, Herder, Freiburg, Basel, Wien, 2010, S. 82 f

Christian Bunners, Paul Gerhardt, Weg-Werk-Wirkung, Vandenhoeck und Rupprecht, Göttingen 2007

Evangelisches Gesangbuch; Ausgabe für die Evangelische Landeskirche in Baden, Evangelischer Presseverband für Baden, e.V., Karlsruhe, 1. Aufl. 1995, Liednummer 503 (Stammteil)

Michael Fischer, Geh aus, mein Herz, und suche Freud, 2007 (Populäre und traditionelle Lieder. Historisch-kritisches Liederlexikon: www.liederlexikon.de)

Gottes Energie bewegt – Schöpfungszeit / Arbeitshilfe Hauskirchlicher Dienste der Evangelisch-Lutherischen Landeskirche Hannover, Juni 2009

Klaus Hägele, „Geh aus, mein Herz, und suche Freud. Ein lutherisch-mystisches Kirchenlied Paul Gerhardts“ (www.klaushaegele.de)

Karl Hesselbacher, Paul Gerhardt, sein Leben – seine Lieder, neu herausgegeben von Sigfried Heinzelmann, aussaat-Verlag, 14. Aufl. 2007

Karl Heussi, Kompendium der Kirchengeschichte, J. C. B. Mohr (Paul Siebeck) Tübingen, 13. Aufl. 1956

Christian Möller, „Geh aus, mein Herz, und suche Freud ...“. Vorlage für eine Liedpredigt zu EG 503. Aus: „Ich singe Dir mit Herz und Mund – Liedauslegungen, Liedmeditationen, Liedpredigten. Ein Arbeitsbuch zum Evangelischen Gesangbuch, Calwer Verlag Stuttgart, 1997

Christa Reich, Geh aus, mein Herz, und suche Freud. In: Hansjacob Becker u.a. (Hrsg.): Geistliches Wunderhorn. Große deutsche Kirchenlieder, 2. durchgesehene Aufl. C. H. Beck, München 2003, S. 262–274

Rudolf Schmidt, „Geh aus, mein Herz, und suche Freud“, 2007 (Göttinger Predigten im Internet: www.predigten.uni-goettingen.de)

Bildnachweis

Umschlag: © Guz Anna / Fotolia, Fondbilder: © natali art / Fotolia (S.4/5 etc.), © Le Panda / Shutterstock (S.6/7 etc.), S.4/5: © Guz Anna / Fotolia, S.6: © helgafo / Fotolia, S.7: © Valenty / Fotolia, S.8: © kostanproff / Fotolia, S.9: © Gribanessa / Shutterstock, S.10: © antart / Shutterstock, S.11: © kris_art / Fotolia, S.12: © Regina Jersova / Fotolia, S.13: © Anastasia Lembrik / Shutterstock, S.14/15: © zzorik / Fotolia, S.16/17: © zzorik / Fotolia, © kris_art / Fotolia (Schmetterling), S.18: © helgafo / Shutterstock, S.20/21: © depiano / Fotolia, S.22: © derbisheva / Fotolia, S.23: © zenina / Fotolia, S.24/25: © Olga Serova / Shutterstock, S.26/27: © KostanPROFF / Shutterstock, S.28/29: © val-iva / Fotolia, S.30: © Jula_Lily / Shutterstock, S.31: © Le Panda / Shutterstock, S.32: © helgafo / Shutterstock, S.33: © VladisChern / Shutterstock, S.34/35: © zzorik / Fotolia, © Iuliia Kazakova / Shutterstock (Brotkorb), S.36/37: © Maria Stezhko / Shutterstock, S.38: © MyStocks / Shutterstock, S.39: © Paulava / Shutterstock (Pfirsich), © Syrytsyna Tetiana / Shutterstock (Obstkorb), S.40/41: © Tanom / Fotolia, S.42: © izumikobayashi / Fotolia, S.43: © kamenuka / Fotolia, S.44/45: © Regina Jersova / Fotolia, S.46: © Aloksa / Fotolia, S.47: © Kateryna / Fotolia, S.48/49: © aboard / Fotolia, S.50: © Bonitas / Shutterstock, S.51: © derbisheva / Fotolia, S.52/53: © 4uda4ka / Fotolia, S.54: © zenina / Fotolia, S.55: © Abra Cadabraaa / Shutterstock, S.56: © helgafo / Shutterstock, S.58: © evakaterina / Fotolia, S.59: © Le Panda / Shutterstock, S.60/61: © Le Panda / Shutterstock, S.62: © kate sun / Fotolia, S.63: © Maltiase / Shutterstock, S.64: © Black Salmon / Shutterstock, S.65: © Plateresca / Shutterstock, S.66: © izumikobayashi / Fotolia, S.68-73: © vasabii / Fotolia

Notensatz: Annegret Kokschal, Markkleeberg

Bibliografische Information der Deutschen Nationalbibliothek
Die Deutsche Nationalbibliothek verzeichnet diese Publikation in der Deutschen Nationalbibliografie; detaillierte bibliografische Daten sind im Internet unter http://dnb.d-nb.de abrufbar.

ISBN 978-3-7462-5151-6

Umschlaggestaltung: Rungwerth Design, Düsseldorf
Gesamtherstellung: Kontext, Lemsel (A)